UM FEIXE DE RÚCULAS

FUNDAÇÃO EDITORA DA UNESP

Presidente do Conselho Curador
Mário Sérgio Vasconcelos

Diretor-Presidente / Publisher
Jézio Hernani Bomfim Gutierre

Superintendente Administrativo e Financeiro
William de Souza Agostinho

Conselho Editorial Acadêmico
Divino José da Silva
Luís Antônio Francisco de Souza
Marcelo dos Santos Pereira
Patricia Porchat Pereira da Silva Knudsen
Paulo Celso Moura
Ricardo D'Elia Matheus
Sandra Aparecida Ferreira
Tatiana Noronha de Souza
Trajano Sardenberg
Valéria dos Santos Guimarães

Editores-Adjuntos
Anderson Nobara
Leandro Rodrigues

UM FEIXE DE RÚCULAS
MARLY DE OLIVEIRA

CECÍLIA SCHARLACH **ORGANIZAÇÃO**

© 2023 Editora Unesp

Direitos de publicação reservados à:
Fundação Editora da Unesp (FEU)
Praça da Sé, 108
01001-900 – São Paulo – SP
Tel.: (0xx11) 3242-7171
Fax: (0xx11) 3242-7172
www.editoraunesp.com.br
www.livrariaunesp.com.br
atendimento.editora@unesp.br

Dados Internacionais de Catalogação na Publicação
(CIP) de acordo com ISBD
Elaborado por Vagner Rodolfo da Silva – CRB-8/9410

O48f	Oliveira, Marly de
	   Um feixe de rúculas / Marly de Oliveira; organizado por Cecília Scharlach; apresentação de Giuseppe Ungaretti; tradutor dos poemas em italiano Maurício Santana Dias; com textos de Nélida Piñon, Alberto da Costa e Silva, Cecília Scharlach. – São Paulo: Editora Unesp, 2023.
	   Inclui bibliografia.
	
	   ISBN: 978-65-5711-184-0
	   1. Literatura brasileira. 2. Poesia. I. Scharlach, Cecília. II. Ungaretti, Giuseppe. III. Dias, Maurício Santana. IV. Piñon, Nélida. V. Silva, Alberto da Costa e. VI. Scharlach, Cecília. VII. Título.

2023-343	CDD 869.1 CDU 821.134.3(81)-1

Editora afiliada:

Asociación de Editoriales Universitarias
de América Latina y el Caribe

Associação Brasileira de
Editoras Universitárias

Sumário

MARLY DE OLIVEIRA
Um itinerário para o Porto   7
Intermezzo: Brasil quinhentos anos   71
Escritos em italiano   87
       Apresentação | GIUSEPPE UNGARETTI
       Tradução | MAURÍCIO SANTANA DIAS

NÉLIDA PIÑON
Poeta e amiga   103

ALBERTO DA COSTA E SILVA
Marly de Oliveira: senhora do verso e do corte da estrofe   109

CECÍLIA SCHARLACH
Também sobre este livro   115
Um livro nunca se faz sozinho   121

OBRAS DE MARLY DE OLIVEIRA   131
ÍNDICE DOS POEMAS   133

UM ITINERÁRIO PARA O PORTO

Este livro pretendia ser um itinerário para o Porto, quando foi capital cultural da Europa [2001]. Não pude fazer as leituras para as quais fui convidada. Decidi então incluir algumas outras coisas, seguindo o conselho de Augusto Meyer, que me dizia: é rara a reedição da poesia. Quando puder, acrescente alguma coisa mais antiga e esquecida, a fim de ver se alguém se lembra do que já tem algum tempo.

Há pouco [2002] esteve aqui Manuel Graña, genro de Drummond, que achou interessante incluir os poemas escritos em italiano e lidos por Ungaretti na RAI, coisa que ele não fazia habitualmente. Não sei se já é tarde demais, passados tantos anos, porque foi justamente na época em que fazia pós-graduação em Roma [1959].

MARLY DE OLIVEIRA

Nothing is lost!
William Carlos Williams

Ni en el llegar, ni en el hallazgo
tiene el amor su cima:
es en la resistencia a separarse
en donde se le siente
desnudo, altísimo, temblando.
Pedro Salinas

Je suis libre, donc je m'enchaîne.
Valéry

Vindo de vários caminhos,
muita festa e alguns naufrágios,
assim cheguei ao Porto. De ordinário
a visão de algum castelo,
das abadias, das praças,
do rio Douro, tão perto
que línguas do mar lambiam
seu peito aberto, tudo
formava um só monumento,
batido por forte vento
e compensava o deserto.

Ainda assim queria falar do Porto
onde estive há tão pouco tempo,
no entanto, o falar do Porto
é como se o tivesse vendo,
não como relembrasse
o que então parecia pouco:
a cidade e seu nevoeiro,
a minha casa e o centro dela;
nenhum fausto, algumas telas,
jardim por todos os lados,
um parque dando para as janelas.
Pouco a pouco a descoberta
(redescoberta) do Douro,
do mar que avançava bravo,
mas avançado onde pousavam
os barcos dos pescadores.
Repenso (vejo) aquelas pontes,
os arcos feitos para a sege,
o caminho da Sé para a Ribeira
e tudo o mais que todos sabem.
Só a Igreja da Trindade
deixou vivo um sobressalto
de que se não tem saudade.
O resto foi bem-estar
de quem se sente em família
lembrando-se de Agustina,
Arnaldo Saraiva,
Graça Moura, Laura, Nina,
e tantos outros, que a citá-los
seria fazer um catálogo.

Túlias em jardins cercados,
magnólias de São Lázaro,
o Palácio das Carrancas,
o Largo do Viriato
ganhavam uma força heroica.
Rua de Santa Catarina,
onde nasceu António Nobre,
Torre dos Clérigos e, não notada,
em rua antes ribeirinha,
a casa de Gonzaga.

Em certa véspera de Natal,
andando por estreitas ruas,
entre o que buscava e o que não,
vejo um quadro de Matisse,
bules, chávenas antigas,
requerendo olhos atentos,
tal a poeira que invadia
tudo com seu grito lento.
Pensei: o tempo nem sempre
nos dispara sua flecha,
retido fica no olhar
da poeira ou do animal
que se esconde sob a poeira,
pronta a atacar quem a toca,
embora não houvesse toca
por perto, fosse tudo poeira.
Poeira em cima dos móveis,
dos livros, na estante quieta,
parapeito de janela
naquela imensa desordem.
De novo pensei: que pena,
tantas peças, nenhum lustro,
porcelana fina da China,
tão frágil e tanto descuido;
tanta coisa por ser lida
ou vista naquele espaço
concedido a quem sequer
mover um passo sabia
na direção mais vizinha
do que se pode chamar arte.

O jardim nem era meu,
mas tinha camélias, dálias,
flores de todas as cores,
muros cobertos de hera.
Não era Brugge, era no Porto.
O jardineiro matinal
varria as folhas que o vento
espalhava pelo chão
sob árvores muito antigas,
pequenos lagos/espelhos,
que devolviam a amplidão
do céu, da terra, estendidos
à volta de uma mansão
doada há muito ao Brasil.
À entrada, escadas brancas
que ao ocre da casa davam
um ostensivo esplendor.
Villa Adriano: nenhum fausto,
alguns rebocos, cristal, calor
de paisagens que as janelas
em quadros de alto valor
transformavam, circundando-as,
impedindo que invadissem
as salas, os corredores,
os quartos, de todo lado.
Muito perto o mar, o rio,
os barcos: não ir à Foz
assistir ao espetáculo
de um pôr do sol ou calado
mover-se de pescadores
era perder o mais simples,
mais rico, o mais tranquilo
embriagar-se sem vinho
numa terra de vinhedos
e parreirais.

Este jardim me lembra outro jardim,
este verde, outro verde; consenciente,
redescobre a memória o que de mim
sob contrários ventos permanece
intacto e edulçante, e copiosa
fonte de um bem-lembrar que se me impende.

Que manhãs a essas firmes e olorosas,
que tardes a essas tardes sem presságio
se podem comparar? Que *penserosas*
noites a essas noites de pausado
divagar entre sonhos que cavavam,
no real, comissuras, mas tão raso
que tudo continuava em seu lugar?
e um dia a um outro dia sucedia,
de forma quase sempre a acrescentar.
Incorporo ao que vejo o que então via,
ao que sinto o que então de modo vago
sentia sem saber, ou não sentia,
de tal jeito o que vivo me ultrapassa
e o que penso me excede e me destina
a inquirir sem sossego e sem cansaço,
levada de uma força desabrida;
menos que força, um ímpeto, um desejo
que reconheço em cada coisa viva
de persistir na própria natureza.

Sentar-se ao pé de uma cruz,
que antes foi árvore verde,
esperando a união com a perfeição,
ao deus distante e encoberto
pedindo que se descubra,
que uma tal pena de espera,
disse o poeta, não se cura
senão com a presença e a figura.
A união sexual é alegoria,
o deus não se aproxima
e a sensação de quem ama
é secreta, intensíssima e profana.
Responde o corpo inteiro
pela chama da alma,
que atravessa a noite escura
para alcançá-la,
sem no entanto pedir sequer
uma evidência de amor,
ainda que simulado,
partindo para outras terras,
buscando noutros lugares
a uva para o seu vinho
o pão para a comunhão.

Embora seja o que não dissolve
como um cacto real, sem aspereza.
Assim o amor real é como um cacto,

o que não se dilui em farta seda
mas se amacia em seda farta e doce,
e, não sendo água, nem sendo diluível,

é o que se toca e sente, e ver-se pode
não vendo, como aquilo que é sorvido,
e é água sem ser água e sem ser sangue.

E sem ser água tudo dessedenta,
e é quase um fogo essa água toda lenta,
água não água, essa água consistente,
a que se cristaliza numa gema,
numa gema que fosse toda quente.

Uma gema que fosse toda fria,
mas na aparência, e toda quente dentro,
e que tivesse a lisa superfície

do que se usa com grande atrevimento,
mas no íntimo, uma gema toda calma,
quase uma água esse fogo nos doendo,

um silêncio que fosse uma cascata,
mas de que o próprio fogo fosse o centro
e de que o próprio fogo fosse a água.

Esta, a grande afinidade
com Saramago e Leonardo Boff:
que a arte leva ao mergulho,
ao centro do ser humano,
não fica apenas na aparência,
na preocupação com a estética:
o noivado das palavras,
a música das palavras,
a rima, a metonímia, a
sinédoque, que Ponge comparava
à geometria euclidiana.
O problema é a luta
para que não seja vã a palavra,
o enunciado que acorda
aquele que adormece
e nem vê o tempo passar,
a vida passar,
sem ter plantado um grão sequer
para a fome do outro,
sem conferir
um sentido àquilo que nem
se conhece e não obstante.

Não acreditas em nada não-visível,
mas tenho um corpo e um "sistema de objetos",
um quarto com paredes, mesa, uma garrafa,
um copo, onde se pode beber o vinho
caseiro, para esquecer aquilo que desperta
apenas o efêmero, sem se dar ao
esforço de pensar, ainda que me sinta
sempre, depois de tudo,
um pouco abandonada, a verdade
abrindo os olhos no silêncio,
já que entre mim e ti há o oceano
do que não sabes, do que não sei,
e o que escrevo não passa de invenção,
artifício, carência, para que leias
sem entender, como carta sem endereço,
amor sem direção, paixão sem objeto,
enquanto a morte se avizinha
pressionando os instintos, o apego à vida,
à terra, ao nosso lado animal e mineral;
uns, vestidos de púrpura, outros de linho cru,
com o mesmo destino comum,
onde inúteis serão artífices e lapidários
se não houver ressurreição,
se houver apenas aquela transgressão
que Donne atribuiu em versos célebres:
ao corpo, qualidades da alma, e a esta,
as que pertencem àquele;
a esta, o eloquent blood, àquele
a possibilidade de pensar, quando
diz: seu corpo pensava,
her body thought

De repente baixa um frio, uma luz
sobre o ansioso invocar, a numerosa
vã espera de lábios dissonantes;
no entanto, ah! Se conforta,
em meio aos desencontros inditosos,
ao desejo de amar que não encontra,
senão em si, pegadas indiciantes
de amor, saber que o mesmo amor já pode
prescindir do que se lhe deveria,
em vez de um deserto frio, em vez do órgio
festim, este calado,
indefenso aceitar que me consome,
de tal modo em mim vive o não-deserto
e o longe simulado é aceso perto.

E de tal modo penso
na selva que circula, na água viva
sob o vivo deserto, o quente, o úmido
de sombra que se esquiva,
não ao amor, não ao entendimento,
àqueles de que dispomos para ouvir
e ver e então gostar: parcos sentidos,
fonte imprecisa de um comunicar,
sensível quanto mais firme e disposto,
tanto pode o alvoroço
do descobrir, tanto desconcertar
o que se entende ou faz,
naquela distração ditosa e vaga
de quem passeia silencioso um cais,
sem pensar em mistério ou nunca mais.

Cobiçada verdura,
sonhos que abrem janelas ao sem-fim
do intocado e perfeito, onde os dissimiles
do que existe e de mim
não se repelem, buscam-se amorosos
no real, como o entendo, sempre firme
e de tão certo modo irreversível
(apesar dessa viva sucessão
de espelhos, que bem pode confundir
o apreender e o sentir
duplicativos) que na aceitação
talvez sem entender
esteja o que procura a minha mão
tocando a tua mão, num gesto grato.

Preciso perguntar ao Eugênio
de Andrade como se faz
para atravessar um verão
como este e te ver; como
não deixar a luz acesa,
a porta aberta, <u>amando sempre</u>
<u>com amor dobrado</u>: buscar
uma cachoeira para inteira
nela entrar? Sentindo
a unidade de um corpo/alma
com o corpo/alma flutuante,
desfazendo a hipótese de um deus,
destruído
no começo de tudo, para que
fôssemos apenas a memória
de uma explosão e de seus fragmentos.
Afinal,
não sou Joana D'Arc,
que as chamas levavam quem sabe
ao êxtase, pois o deus não é injusto,
e o que se via, podia bem
ser o que não se via,
e também o que se sente,
sob a água fria, não reduz
quando dela saímos, o quente
de tanta luz condensada em calor.
Esquecer que preciso de ti,
como outros precisam de água,
leite, limão bravo, enquanto
vou ficando de lado,
como um feixe de lenha, um punhado
de rúculas ou tomates.

A fria e ardente, luminosa treva,
é o prêmio (não do esforço)
do não buscado amor,
do não vindo do atrito ou do esfregar
de pedras, cuja chama se conserva;
o que depõe seu ouro
de entrega em vivo fogo,
e não se espalha no ar.
O escuro, a que um arder sem esperar
de repente conduz, a viva morte
(que o renascer envolve)
de cada instante, um contínuo sim,
que é dado a esse fluir
sem esperança e grato a quem desiste
de tudo: o dia claro, esse pungir
da memória que insiste
sob a palha translúcida do vivo
presente. A morte dessa vida, o fio
de algum desconhecido labirinto,
onde quem mais adentra,
mais se perde e se encontra,
e sabe não sabendo, e não revela
o que na fala humana é sem sentido.
O que em mim não se pensa
e me é, não me retém
em curto espaço, nessa
forma que somos cega;
malha, crivo, enganoso entendimento,
extático arremesso
para que fim, que vácuo, que ardentia,
que insuspeitada mina,
onde se chega, enfim, por extravio,
e se descerra aquilo que me fica
ainda inatingível,
no périplo do amor que é sempre escuro,
como passivo, nobre testemunho.

Minha casa em Brasília, quando a tinha,
já sentia saudades dela,
eu que só assisti a construção
até irmos morar nela,
até começar a cuidar dela,
que nem parecia plantada
em terra estéril, pois respondeu
com horta, jardim e mangas.
Remexendo tanto nela percebi
o quanto estava presa a ela.

As meninas: uma explosão
o crescimento delas,
não uma explosão como as outras,
mas aquela explosão que vem vindo
e só incendeia o olhar depois
de incendiar a atenção
volta e meia desviada
para Blanchot, Cioran,
um certo verso de Dante,
outro de Drummond, outro...

Cresceram tão sem aviso
que antes de ir se foram.
Fiquei no Rio, onde adormeço
sozinha esperando o milagre
de, como disse o poeta,
de forma clara e sentida:
<u>acordar tendo saída</u>.

Uma pedra cavada no chão
nada tem a ver com o sol
suspenso no vazio, uma pedra
pode até ser banhada pelo sol,
nem por isso deixará de ser
hermética como uma porta,
das muitas que vimos na Abadia
de São Maurício no Valais,
uma ilha de pescadores nos Grisões,
como o lago de Faehlen ou de Brasília;
na memória o lago e sua linguagem
fechada circundada de terra,
com vocabulário enxuto
de árvores grama capim.

De longe sempre te vejo
como um lugar
sem entrada, onde
o que é vontade de aproximação
recua, sem saber nada
desse mundo que te cerca,
dando-te outras formas,
quando apenas precisava
que me abrisses uma porta
(ou apenas entreabrisses)
para poder chegar mais
perto, um espaço pequeno,
onde coubesse um abraço.

Ainda que tenha visto Nureyev em Buenos Aires,
ainda que o tenha revisto na Calle Arenales
e falado com ele, ela é o ser
mais perfeito que já vi no palco,
em vários lugares do mundo,
tudo nela relembra a perfeição
de um deus que também fosse uma deusa:
o corpo fino alongado, o riso,
o rosto, a boca, os dentes,
a palavra, o verbo, a defesa
dos que nunca se podem defender.
Cabelos muito claros, um mover-se
que ninguém é capaz de repetir,
um texto essencial para um teatro essencial,
sempre contra estereótipos,
que tem levado pelo mundo
essa verdade que vai
modificar o mundo.
Não de forma simples,
embora bastante concreta,
porque, já dizia Adorno,
<u>a arte fácil não é séria</u>.
E nem ele poderia saber
como se escreve com o corpo,
como se entra em contato
com tal paixão, tal energia,
com o mundo inteiro,
sendo uma apenas e ao mesmo tempo
o arquétipo do universo
que salvaria, se pudesse,
que há de salvar, se puder.

Como Fernando Pessoa, ela não
pondera, sonha.
Vive em estado de graça,
aproxima todo mundo;
afasta só os mosquitos,
se assusta com lagartixas,
ainda que se lembre daquela
que Cecília descreveu
como "um broche de quartzo
repentino". Vai sempre ao teatro,
aos concertos e se recolhe em sua casa,
onde suponho que discuta,
com os amigos mais chegados,
Rosenfeld, Baudrillard ou Schopenhauer.
Poesia e psicanálise.

Florbela nasceu no Alentejo
casou-se mais de uma vez,
mas foi a perda de um irmão
num acidente que a levou
à depressão e ao suicídio.
Ela que conhecia as fantasias
e os desconcertos do amor,
não pediu que a ajudassem,
assim como Virginia Woolf
ou Alfonsina Storni.
Dava a impressão de confirmar
o que escreveu Marianne Moore sobre
a relação amorosa, <u>in which
experience attests that men
have power and sometimes
one is made to feel it</u>.
Com o que ambas não concordavam,
obviamente.

Só a alegria não mata, só a alegria,
pois que ela me derrama um brilho farto
que em si mesmo se acaba e se extasia.

Eu não consinto na esperança: eu ardo,
e nesse arder-me vai-se o que seria
       – movido pelo próprio desamparo –
isso que corresponde à coisa fria,
o outro lado de amar, o lado claro.

De sorte que não vale o comedido
de meu gesto, meu sonho, minha vida,
se o melhor se me queima todo dentro,
em nome de uma coisa imerecida.

E é tão maior o amor quando se alcança
ultrapassá-lo na desesperança.

Estão agora no Saara, minhas filhas,
queriam ver de perto um deserto,
concreto, não aquele simbólico
que se atravessa quando se quer escrever,
ajoelhar-se, rezar, alcançar
o que sequer se sabe se alcançável.
Os camelos, incômodos para o passeio,
deixam seus corpos doloridos,
mas a alma, quente como a areia,
também ondula como areia,
e as unhas crescem para atacar
ou defender-se. A magia do deserto
não lhes dá uma impressão de vazio,
mas de uma sucessão de dunas sem fim.
Se por acaso eu pudesse ter ido
seria só para não entender cada vez mais
o mistério do uno no diverso,
ainda que não conseguisse
escrever sequer um verso.

Vendo um quadro de Patrícia,
o poeta geômetra ensaísta
tão raro e tão sábio
reúne tudo o que é numa
visão que vai além do estático
do quadro e chega ao extático
movimento que o gerou,
descobrindo nas cores o violento
da paixão disfarçada na

composição do arquiteto que
sem prévio entendimento
de linhas e esquadros realmente
escondeu nas curvas na fusão
do sentir e do ver, chamando a si
só aquele capaz de reinvenção
de amor que se aprofunda

na aguda, perplexa, quieta contemplação.

A poesia que para Novalis
era álgebra e conjuro de transcendência
cedeu lugar ao não saber
que direção tomar;
antes, tomou várias direções
servindo também para livrar-nos
de temores e tensões.
Desde o século passado
o caos passou a individual
tarefa de organização,
com a quebra da aura,
desde Baudelaire, tentou
aproximar-se mais de todos,
sendo hoje ouvida
tanto quanto lida,
permanecendo visual, para muitos,
usando o branco da página
em nova disposição.

Ah, voltar a Amsterdam, a Heidelberg,
a Roma, onde devia ter nascido,
ou ter ficado.
O amor pelo Brasil seria mais intenso,
os amigos mais próximos, como quando
estive em Olímpia ou Genebra.
Mas em Brasília fui feliz o mais que pude;
o problema é o Rio, que não reencontro
depois de tanto tempo; não sei bem onde
estou, não conheço esta rua, não conheço
meus vizinhos e os novos amigos mal posso
ver, já que uma vértebra se deslocou e me
tortura quando pressiona o ciático, quando
chega a emoção e ocorre o que se sabe
sobre conversão: a dor vai para o corpo
de forma insuportável.
Sem quase ver minha mãe em Campos,
sem poder ir a Stanford
ou ver a primeira exposição
de minha filha fora do Brasil,
espero renascer de tanto escombro.
Meu pai morreria se me visse assim:
os livros fechados em armários,
os domingos sem família
(e também os feriados),
só não posso escrever outra "consoada"
como a do Bandeira, porque
ainda não pus tudo no lugar.
E é tão bom viver quando se está
sem dor, quando chega o amigo e
dá aquele abraço e penso
que

Laura parece saída do pincel
de Modigliani, o pescoço
fino e alongado, o passo
firme, as cores do rosto.
Não se parece com as outras jovens
de sua idade: ela pensa,
estuda, canta, faz teatro.
De perfil poderia ser uma Madonna,
uma daquelas vistas na Itália
até de pintor desconhecido.
Mas é nórdica, loura, os
olhos meio oblíquos, que nada têm
de Capitu, nada de dissimulado
ou traiçoeiro: é transparente e
móvel, nada tem de lagarta
que se larga ao sol de abril,
molemente, nem da fera que assusta
se a assustam.
Faz tudo depressa muito devagar,
outras vezes some com os amigos e
pode estar numa praia, num
campo, num deserto todo verde.
Mas não é uma invenção, é
de verdade, de uma força
icônica de camponesa do
sul da França, habitante
de um castelo coberto de
hera, como os de Brugge.

Como já disse o jovem poeta maranhense
a mulher tem que proteger-se
da cárie, dos assédios,
diminuir os cigarros,
evitar elevadores, viadutos,
sobrados e paixões.
Não precisou visitar
o vale do Ródano,
nem escapar de si mesmo,
para escrever/descrever
qualquer coisa, nem ir
a qualquer lugar para
escapar da inércia ou do movimento
volúvel das ondas ou serpentes;
para não fazer retratos
de lembranças e resistir
ao medo, aos gafanhotos, aos
livros mal encadernados (sic).
Mas acho que gostaria do Porto,
embora haja no Porto
uma delicadeza fria
que rejeita todo entusiasmo,
como se te dessem um soco.

Ainda assim, sair de lá,
voltar ao Rio, foi um começo
de declínio, inesperado,
uma nova ocupação
(ou melhor, absorção)
feliz, embora,
que me traria mais tarde
esta ausência de tudo. Repare
bem, não falo de perdas
ou de angústia: como sempre,
fui eu quem abriu mão de tudo.
Estou falando de renúncia.
Renúncia também é recomeço.

Dia de São Sebastião:
no Rio é feriado;
minha primeira filha nasceu
no Hospital de São Sebastião,
onde seu avô logo depois
morreu (não o meu pai, que
também se chamava Sebastião
e viera de Trás-os-Montes);
o tempo passou, a outra nasceu
em Brasília, depois de eu ter estado
em Buenos Aires, Genebra, Roma,
Atenas, Olímpia, Paris e tantos
outros lugares. Agora são adultas,
foram até o Saara e eu continuo
pensando que elas precisam de mim
(de minha presença), quando sou eu
quem, por amor, precisa delas.

Estes três anos sozinha
levaram-me ao extremo
do desespero e da dor,
sem poder imitar John Cage
com seu discurso sobre o nada.

Machado também disse que nada
em cima do invisível é a mais
sutil obra de arte deste mundo,
e acaso do outro.

Mas melhor se adapta a mim
neste período terrível
o que Clarice disse certa vez:
a galinha é o disfarce do ovo
e para que o ovo atravesse os tempos
a galinha existe.
Mãe é para isto.

Mas é também para experimentar
o amor que não tem fim;
sem Patrícia, o que seria de mim,
ela que sempre me traz flores,
e me cede seus quadros para
a capa dos livros e me escreveu
cartas e cartões de onde esteve
e eu não.
E teve desde sempre essa
beleza luminosa que só vi
em sua irmã, anos antes, quando nasceu.

Um dia, Augusto Rodrigues,
saindo de um vernissage,
disse-lhe que seria impossível
pintá-la: o nácar da pele,
o negro dos cabelos até a cintura.
Logo ela que não gosta de elogios e
nunca foi comigo ao Largo do Boticário.

Também sem Mônica e seu charme,
sua paixão pelo deserto,
seu colorido todo igual,
o olhar profundo, a busca
do mais perfeito, que a afasta
de mim, mas por um tempo apenas,
que poderia fazer? tem sua vida secreta,
muitos amigos, mas não se volta para trás,
nem precisa de mim,
ainda assim...
Continua audaciosa. Desde pequena,
chamava atenção em Genebra
com seu francês perfeito;
saía com o pai, Evaldo e João Maurício,
enquanto Maria Luísa e eu ficávamos
com o pequenininho.
Quando ia conosco
à Itália, entrava pela cozinha
dos restaurantes e vinha trazida
feliz pelos cozinheiros.
A Grécia, não esferizada pelo tempo,
a Grécia aguda, de linhas retas,
agulhas micenianas, bizantinas, era
mais para os adultos. Anos
depois, já trabalhando no Brasil,
nas primeiras férias foi visitar as Ilhas
gregas, depois de re-visitar
a Itália, Roma, sobretudo.
Sempre achou a Suíça muito fria.

INTERMEZZO

Brasil quinhentos anos

Minha terra não foi achada
por acaso, nem a imensidão
de árvores e frutos e animais
e ouro sob a terra e esmeraldas
e muitas outras pedras preciosas
foram buscadas para construir
o império que depois ficou aqui.
O império dos índios, no entanto,
respeitado não foi; incompreendido
porque outra língua, outros deuses,
outro universo desafiou os que
vieram, e até chegar à destruição
para domá-los, houve tempo de
se cruzarem brancos, negros e índios,
que Gilberto estudou com simpatia,
mas o resto do Brasil apunhalou.

Eu que ensaiava em Campos
os primeiros atentados contra o seio
materno, vi a casa invadida
por toda a família que sobrara.
O Paraíba era enorme e sujo
e crescia em enchentes, menos graves
que aquelas em que viu Manuel Bandeira
o boi morto, boi morto, boi morto.
As praias onde hoje descobriram o petróleo
já eram como agora estas do Rio,
onde viemos parar por circunstâncias,
movidos do entender e de saber
o que havia nos livros, nas lições
dos mestres, que apenas se encontravam
aqui, nas faculdades não fundadas
ainda em Campos.
A culpa é dos mapas, que chamavam
para lugares distantes, quando
nas aulas de história ou geografia
fantasias criavam a vontade de partir.

Ah, terra brasileira, "onde plantando
tudo dá", hoje importamos até o trigo
para o pão, quem diria, depois
de ter levado a capital lá para onde
achou Dom Bosco que deveria estar.
Esqueci que nasci em Cachoeiro,
porque nunca voltei lá;
sei que não tem palmeiras
nem sabiás, mas tem granito,
e meus parentes de origem italiana
ainda vivem de forma bem ativa
e íntegra, porque assim me contaram
e vou verificar. Meu avô
desenhava ladrilhos como Brennand,
construía catedrais, mas derrapou
de uma altura de modo tão estranho
que não pôde terminar o que fazia.

Mas nunca fiz sequer
a travessia em algum navio,
desses enormes, que, no entanto, podem
sucumbir a um temporal
se inesperado, o que é tão raro.
A costa brasileira e seus mariscos,
onde não esteve a baleia branca,
e tem temperaturas diferentes:
é tão frio no sul, quente no norte
e no nordeste, como deve ser o quente
em que vivemos, nove meses antes de
enfrentar este mundo de Deus, que aguarda
nossa chegada sempre e nos prepara
para o amor, para a vida, para a luta
que se vai tornando na vertigem do tempo
mais difícil. O mar permite formas
visionárias em noite de lua cheia e
vermelha, e deixa que os pescadores muitas
vezes retornem às suas casas, para o consolo
dos filhos, das mães e das amantes.

O nosso mar, de norte a sul,
atrai algumas vezes, outras
se retrai, naquela intimidade
permitida à força da natureza.
E nele entram bichos e pessoas
e certa vegetação, um tanto perigosa,
mesclada com o que vem de
esgotos e o poluem. O mar
me assusta, só de longe o vejo,
por sua infinitude, e o revoar
das ondas sempre, sempre batendo
contra os rochedos, sem cansaço, sem
nada que impeça a transparência
milagrosa de suas entranhas,
quando se desce qual mergulhador
e se pode então ver o mundo
colorido de peixes, flores, algas,
de onde tudo parece ter surgido.

Do mesmo modo que os que vêm de longe
aqui querem ficar, aqui querem plantar:
japoneses, alemães, italianos
investem no Brasil. Mas persistem
as desigualdades e o caminho
se faz com violência, e se fica
num entra e sai, quando às vezes
bastava uma telha, um desbravar
do centro como os bandeirantes
fizeram para achar o que levar.
E nós apenas precisamos, para dividir
terra tão ampla, tão bem-aventurada,
levar a gente litorânea para grandes
colônias, onde estudar, onde aprender
que a vida pode ter sentido ao ar livre,
com Deus por cima, vigiando tudo.

O mar que recorta o litoral
do Brasil não é azul
(como o da Grécia) nem
violento como o Pacífico
e outros, que agitam furacões
e vão destruindo tudo.
O mar do meu país foi o caminho
de acesso ao navegante português
que aqui ficou, o holandês
que não pôde ficar, o francês
que ficou um tempo; é um oceano,
o Atlântico, que às vezes vai entrando
por enseadas e baías como se, homem,
abraçasse uma mulher. Lembra até
o "bras fluide" de Valéry,
embora também às vezes faça
pensar no "touro azul" de Cecília,
correndo sobre uma própria sombra.

Escritos em italiano

Apresentação | Giuseppe Ungaretti
Tradução | Maurício Santana Dias

L´Approdo[1] presenta ai nostri ascoltatori una giovane poetessa brasiliana, Marly de Oliveira. Di lei e della sua poesia scrive e parla Ungaretti (alla RAI):

"Marly de Oliveira è una giovane poetessa brasiliana. Há compiuto gli studi alla Facoltà di Lettere di Rio de Janeiro ed è in Italia da un anno per perfezionarsi alla Facoltà di Lettere di Roma.

"Chi conosce i suoi versi brasiliani, quegli del suo libro *Cerco da Primavera*, publicato nel 1957, e quegli che comporranno la sua nuova raccolta *Explicação de Narciso*, sa che in essi dà prova di rare doti di profondità e di grazie. Ma come há fato questa giovane a impossessarsi della nostra lingua, della sua segreta musicalità al punto di poterci offrire il dono delle poesia che ora ascolterete?

"É un miracolo:

"l´ingenuità e la profondità vi si mescolano con una novità persino superiore a quella che stupisce quando si esprime nella sua lingua materna. É un miracolo: semplicemente poesia in un italiano luminoso."

---

[1] *L´Approdo*, programma televisivo, è stata una delle più longeve e delle più note trasmissioni culturali televisive italiane.

L´Approdo[2] apresenta aos nossos ouvintes uma jovem poeta brasileira, Marly de Oliveira. Sobre ela e sobre sua poesia nos fala e escreve Giuseppe Ungaretti:

"Marly de Oliveira é uma jovem poeta brasileira. Fez seus estudos na Faculdade de Letras do Rio de Janeiro e está há um ano na Itália fazendo especialização na Faculdade de Letras de Roma.

"Quem conhece seus versos brasileiros – os de seu livro *Cerco da Primavera*, publicado em 1957, e os que vão compor seu novo volume, *Explicação de Narciso* – sabe que neles a poeta demonstra raros dotes de profundidade e de graça. Mas como essa jovem fez para se apoderar de nossa língua, de sua secreta musicalidade, a ponto de poder nos ofertar o dom das poesias que agora vamos ouvir?

"É um milagre:

"a ingenuidade e a profundidade aí se misturam com uma novidade até superior à que nos surpreende quando ela se exprime em sua língua materna. É milagre: simplesmente poesia em um italiano luminoso."

---

2 *L'Approdo* foi um dos mais importantes e longevos programas culturais da televisão italiana, tendo sido transmitido pela RAI de fevereiro de 1963 a dezembro de 1972. Participaram de seu Conselho poetas e intelectuais como Roberto Longhi, Emilio Cecchi, Carlo Bo, Riccardo Bacchelli e o próprio Ungaretti.

MEZZOGIORNO A VILLA BORGHESE

Chiudere gli occhi,
non pensare
al gran timore
del domani,
ora che un raggio
luminoso c´infittisce,
e le parole ballano salde
il loro autunno precoce.

Come chi miete
o chi raccoglie
in sogno.
Guarda:
un silenzio di fuoco
ci contempla dall´alto,
indifferente.
É l´ora esatta,
ora asciutta,
ora imperterrita,
che separa la luce dal mattino
e nel suo ventre e nel suo cuore genera
il capzioso viso della sera.

MEIO-DIA EM VILLA BORGHESE

        Cerrar os olhos,
        não pensar
        no grande temor
        do amanhã,
        agora que um raio
        luminoso nos adensa
        e as palavras dançam firmes
        seu outono precoce.

Como quem colhe
ou quem recolhe
em sonho.
Olha:
um silêncio de fogo
nos contempla do alto,
indiferente.
É a hora exata,
hora enxuta,
hora destemida,
que separa a luz da manhã
e em seu ventre e em seu peito gera
o capcioso vulto da noite.

MEMORIA

Fruscio d´uccelli
in fuga
sul tuo viso.
Giorni gonfi
d´amore,
e l´ombra nostra
congiunta
interminabilmente
sulle movenze
delle stagioni.
Il tuo respiro
debole
varcando
il portico
del vero,
intimità che scova
ogni mistero e rende
meno dura l´attesa
e mi distende
quando non credo più
e mi dispero.

Di tutto questo
m´è restata
questa vecchia clessidra imperturbabile
che distilla col tempo ogni ricordo
e ti fa più vicina,
o te barlume,
o te deserta,
o te disciolta.

MEMÓRIA

Murmúrio de pássaros
em fuga
sobre seu rosto.
Dias cheios
de amor,
e nossa sombra
jungida
interminavelmente
ao movimento
das estações.
Seu respiro
frágil
passando
o pórtico
da verdade,
intimidade que desvela
todo mistério e torna
menos dura a espera
e me distende
quando já não creio
e desespero.

De tudo isso
me restou
esta velha clepsidra imperturbável
que destila com o tempo toda lembrança
e a faz mais próxima,
você lampejo,
você deserta,
você desfeita.

NELL´OMBRA

Nell´ombra
mi parve
un verme,
tanto era fino
e molle
il suo strisciare
lungo le tenebre e l´acqua.
Ogni tanto
spariva
e un canto esiguo
si sentiva
nell´aria
intermittente.
Ma un altro era
il suo grande esercizio:
tacere;
senza alcun pregiudizio
nell´abisso
senza orma
calare.

NA SOMBRA

Na sombra
pareceu-me
um verme,
tão fino
e mole
era seu rastejar
por trevas e águas.
De vez em quando
sumia
e um canto exíguo
soava
na brisa
intermitente.
Mas era outro
seu grande exercício:
calar;
sem nenhum preconceito
no abismo
sem rastro
descer.

VEGLIA

Sei silenzio
e ti muove nel grano e nella vigna.
Sei pane
e vino.
Ed io ti bramo,
intorno al grano,
entro la vigna,
e sono cieco.
Il tuo corpo vivo
grida nell´aria,
agita il vento
intorno a me,
giro nell´ombra
e nell´abisso
della parola,
e tu sei lì, davanti a me.
Ed io ti bramo
e non ti vedo,
Dio, perchè?

VIGÍLIA

És silêncio
e te moves no grão e na vinha.
És pão
e vinho.
E eu te busco
em torno do grão,
dentro da vinha,
e estou cego.
Teu corpo vivo
grita no ar,
agita o vento
em torno de mim,
giro na sombra
e no abismo
da palavra,
e tu estás aí, diante de mim.
E eu te busco
e não te vejo,
Deus, por quê?

PRIMAVERA

La flessuosa stagione ora m´assale
con il suo rito antico e conosciuto.
Ritorna il tempo e con il tempo il male
di vivere s´arresta sul mio lutto.
Ma che mandria impossibile ha brucato
ogni speranza, ogni certezza in me?
Qui sei, amore, qui, erto e sbarrato
come una bestia, o tu esiliato re.
O tu che batti a questa porta, ascolta:
prima di entrare lascia ogni parola
sul labbro impuro e vinci ogni paura.
Attento all´ombra tenera che vola,
qui giace il sogno e la speranza stolta,
silenzio leva al tempo la misura.

PRIMAVERA

A sinuosa estação ora me assalta
com o seu rito antigo e conhecido.
Retorna o tempo e com o tempo o mal
de viver se detém sobre meu luto.
Que manada impossível corroeu
toda esperança, toda fé em mim?
Aqui estás, amor, hirto e confinado
feito um bicho, ó tu, rei posto no exílio.
Ó tu, que bates nesta porta, escuta:
antes de entrar, deixa toda palavra
no lábio impuro e vence esse pavor.
Atento à sombra suave que voa,
aqui jazem o sonho e a esperança vã,
silêncio tira ao tempo sua medida.

SOLILOQUIO

Questo mestiere ormai
è diventato saggio.
La pazienza dell´ora,
come la sabbia e il mare,
costante,
há meno pregio
di questa attesa.
Cuore di pietra,
occhi di pietra,
cuore stanco
d´aspettare.
Più vicina è la stella
che regge la sera,
più vicino è l´abbaio
tremante nella sera.

Fra me e me,
che lungo
silenzio
disteso!
O te lontano,
al tuo ricordo
m´abbandono,
il corpo lasso
e come spento.
O che stagione questa!
Dora l´uva l´autunno
nel suo futuro certo,
e un bagliore lunare
ogni amorosa brama
soverchia d´alberi.

A me no mi riserva il tempo
che te,
fatto d´assenza
e astratta fiamma,
o forse fiaba,
o forse nulla.

SOLILÓQUIO

Já se tornou sábio
este ofício.
A paciência da hora,
como a areia e o mar,
constante,
tem menos valor
que esta espera.
Coração de pedra,
olhos de pedra,
coração cansado
de aguardar.
Mais próxima é a estrela
que rege a noite,
mais próximo é o latido
trêmulo na noite.

Em solidão,
que longo
silêncio
estendido!
Ó tu, distante,
à tua lembrança
me abandono,
o corpo lasso
e como extinto.
Ó, que estação!
Doura a uva o outono
em seu futuro certo,
e um clarão lunar
toda ânsia amorosa
vigia das árvores.

A mim o tempo me reserva
apenas tu,
feito de ausência
e abstrata chama,
ou talvez fábula,
ou talvez nada.

POETA E AMIGA
NÉLIDA PIÑON

Marly de Oliveira nasceu com a alma cinzelada pela poesia. A poesia como instrumento de persuasão do ser humano. Uma consigna que ela tinha em consideração. Não hesitou, portanto, em abordar essa criatura dramática, telúrica e selvagem ao mesmo tempo que somos nós, com a palavra que reverberava onde estivesse, sobretudo de forma irrenunciável no seu luminoso texto.

Era uma escritora única, mas o Brasil foi ingrato com ela. Marly, porém, resignou-se ante essa implacável indiferença. Contudo, seu coração, afinado com as nossas precariedades, sabia bem interpretar os nossos dissabores, de que matéria nós fomos forjados. Uma substância que conquanto gerou grandes artistas e escritores, soterrou-os igualmente no pó da terra. E ela nunca reclamou, nem julgou que devesse ter nascido em outro rincão mais pródigo, mais propício a conceder troféus aos seus criadores.

Foi para mim como uma irmã, assim como Clarice. Formávamos um trio que festejava a amizade quando se reunia, eu a conheci muito jovem, recém-chegada de Campos.

De onde viera por almejar o ideário da cultura, o código secreto da poesia, a emancipação poética dos grandes clássicos. Tornou-se uma erudita. Uma filha de Vico e de Dante. Do sublime Alighieri cujo nome pronunciava com fervoroso amor e sotaque italiano.

Seu ser encantava quem fosse. Ao próprio poeta Ungaretti, de quem foi discípula quando estudou na Itália. O seu convívio com o poeta fomentou sua sensibilidade, e igualmente fez bem ao mestre italiano. Aliás, aliou-se a grandes criadores, como Cecília Meireles, Manuel Bandeira, Clarice Lispector, por mencionar alguns.

Percebia-lhe a admiração que nutria por Cecília Meireles. Penso eu, no entanto, que a grande autora do *Romanceiro da Inconfidência* a considerava uma seguidora, enquanto reservava-se o papel de mentora inatingível. Mas Marly quis sempre oferecer suas joias intelectuais à rainha da poesia brasileira.

Lembro-me bem que de certa feita Cecília estava muito debilitada no Hospital São José, no Humaitá, quando Marly insistiu que fôssemos visitá-la.

Batemos à porta e quem nos atendeu foi a filha, a atriz Maria Fernanda. Ali estava também o crítico de balé Nilson Pena e, para minha surpresa, vi uma cena inesperada. Cecília em seu leito, linda, com aquela pele trigueira que parecia originar-se igualmente da Europa e do Oriente Médio. E ao seu lado, sentada, conversando, a grande intérprete inglesa Vivien Leigh. Um quadro inexcedível. A rara conjunção de talento e de beleza de duas mulheres que coroavam os conceitos estéticos que poderiam ser aplicados ao rosto da humanidade. E ali ficamos um pouco.

Por acaso eu tinha visto Vivien Leigh dois dias antes no Theatro Municipal. E imagino que Maria Fernanda, como antiga estudante do Old Vic de Londres, ao cumprimentá-la, falou-lhe da mãe, como poeta e tradutora de Rabindranath Tagore.

Enalteço nossa amizade com Clarice. Éramos felizes juntas. Tornou-se fácil dar andamento ao nosso afeto. Fortalecê-lo ao longo do convívio, dar-lhe uma concretude que associava cada uma à outra. Éramos um trio inseparável, fazíamos programas, íamos, por exemplo, aos domingos ao sítio de Bruno Tolentino em Jacarepaguá, que criava galinhas, colhia ovos. E eu, de hábito, estimulava as amadas amigas a catarem ovos como se fôssemos bandeirantes em busca das esmeraldas, mesmo contrariando o Tratado de Tordesilhas. Lá iam elas e eu, retornando da colheita com as cestas cheias de ovos, para a alegria de Bruno, que via seu cofrezinho crescer com as moedas que íamos depositando oriundas das galinhas poedeiras.

Nossa refeição era frugal, feijão, arroz, mandioca e o que mais houvesse. Logo nos refugiávamos as três no quarto de hóspede para repousar, uma espécie de sesta que induzia a uma conversa profunda de amigas que se queriam muito, que sabiam que podiam confiar na outra, e que estaríamos dispostas cada qual a socorrer a que tivesse necessidade, pedisse clemência à vida.

Junto com Clarice e Marly sentia-me personagem de *E o vento levou...* Sem sermos sulistas alienadas desse filme. Éramos brasileiras simples que optaram por desvendar o mistério do mundo. Uma simplicidade que traduzia nossa recôndita complexidade.

Marly foi de fato relevante na obra de Clarice. Ajudou-a, sobretudo, no romance *A paixão segundo G.H.*, sugerindo-lhe soluções narrativas, que Clarice atentou e deu acolhimento.

Mas convém sobressair a obra de Marly de Oliveira no panorama brasileiro. Uma criação impregnada dos saberes do mundo, daquilo que o ser humano produziu com o verbo e fez do verbo expressão das suas vísceras, dos seus anseios, daquilo que ele imaginou ser parte do seu futuro. Ao rastrearmos a sua construção poética, detectamos os vestígios dos mais notáveis criadores, daquilo que vem aflorando desde os mais remotos primórdios. Seu verbo, uma aliança do lírico e do soberbo, fazia parte da sua psique cultural.

Comovia-me aquela brasileira universal, com talento à flor da língua na sua criação, que lutava para não soçobrar neste dilúvio verbal. E conseguiu. Aos poucos foi sendo reconhecida por respeitados críticos, como poeta maior e bela como Cecília. Sempre esteve a serviço da poesia, da amizade, das aflições humanas.

Recordo o seu casamento com Lauro Moreira, diplomata, no início de carreira. Foi no Outeiro da Glória, padrinhos nada menos que Clarice Lispector e Manuel Bandeira. Lá estava eu, com as minhas roupinhas, o meu chapéu, muito emocionada, apostando na felicidade de minha amiga Marly de Oliveira, alguém com quem estive enlaçada até o fim da sua vida. Mesmo quando ela estava no exterior, uma sabia da outra, uma cuidava da outra, uma dedicava seus melhores esforços a outra. E depois quando perdemos Clarice foi uma dor que repartimos entre nós. Assim se dissolveu aquele trio na minha vida.

O que dizer de Marly se não que foi um ser extraordinário, generoso, com os olhos abertos, iluminados. Destaco um episódio para mim revelador. Quando, segurando minha mão, fixando-se nos olhos como que buscando a minha raiz ibérica, o que fazia de mim quem eu era, já então mãe de Mônica e Patrícia, perguntou-me:

— Nélida, como é que você aprendeu a ser tão independente?

Ri, por força de uma pergunta surpreendente. Ao querer pautar a vida das meninas com o repertório de uma amiga, que admitia que a experiência individual jamais tinha fim.

Disse-lhe o que podia, em seguida apoiou-se na minha mãe Carmem, perguntando como ela respondia por aquela filha que como andarilha palmilhava a terra. Assim foi Marly.

Ela se despediu de nós antes do tempo, mas deixou uma obra. A certeza de um talento imbatível, senhora de uma poesia como temos poucas no Brasil, e que conclama a ser reconhecida. Pede que a louvemos, solicita que descubramos nela as raízes mais profundas da arte, como se esta arte poética nascesse de suas mãos, como uma Vênus, expressão máxima de beleza.

Marly de Oliveira está sempre ao meu lado, nunca a esqueci. Seu legado literário é precioso e sua poesia desdobra-se na arqueologia da poética. Há que reverenciar sua memória. Reconhecê-la afinal como um dos grandes poetas da língua.

Rio de Janeiro, 5 de setembro, 2022
[Último texto escrito por Nélida Piñon]

MARLY DE OLIVEIRA: SENHORA DO VERSO E DO CORTE DA ESTROFE

ALBERTO DA COSTA E SILVA

Há uns vinte anos, ao editar uma antologia poética, Carlos Bousoño fez a leitura autocrítica de sua obra, e dessa leitura resultou um dos mais brilhantes ensaios que um poeta já escreveu sobre si mesmo. O melhor: sobre o essencial dele mesmo, a sua poesia.

Não se tratava apenas de um poeta que domina seu ofício a fazer agudíssima crítica de poesia – à maneira de Valéry, de Eliot, de Empson, de Tate, de Mário de Andrade em *O empalhador de passarinho*. Havia algo muito importante e novo: o poeta crítico de poesia a debruçar-se sobre o que ele próprio escrevera, a indagar das intenções que olvidara, a reinterpretar-se de fora para dentro e de dentro para fora. A julgar-se. A identificar onde acertara e onde errara, e porque acertara ou errara.

O tempo que se escoou entre o ato da criação e a nova leitura teria permitido um distanciamento entre o poeta de ontem e o crítico de hoje, ainda que a afetividade entre texto e autor não pudesse deixar de influir sobre um julgamento que não se quis imparcial, mas, sim, comovidamente interessado nos versos a que Bousoño ligou o seu nome.

Este livro inédito de Marly de Oliveira é parte de uma releitura de um itinerário poético, ao semelhante à de Bousoño. Com a diferença de que o retorno aos versos antigos, que são ou não são o que podiam ter sido, se faz num plano distinto: o da nova criação poética. Não se tem aqui uma abordagem puramente crítica da obra, mas uma investigação poética, um julgamento poético. O poeta relê-se; e da releitura faz novos poemas. Reescrevendo alguns. Juntando partes de outros para formar um novo todo. Comentando. Discordando. Acrescentando os sonhos de hoje às experiências de ontem, ou as experiências de hoje aos sonhos de ontem. Não fica, porém, apenas na leitura: revê-se, sendo e escrevendo, de carne e osso e espírito, na plenitude da vida. Marly sabia que a biografia de um poeta se organiza com seus versos, e a biografia de quem se fez poeta, com seus dias.

Valéry, na *Introdução ao método de Leonardo da Vinci*, descartou que se pudesse compreender a arte do verso de Racine a partir de sua vida, por mais que dela se soubessem todos os fatos.

Tinha razão, quanto à arte do verso de Racine. Como terá razão quem reclamar que a verdadeira história de um poeta é a sequência de suas obras. Mas os poetas não se formam no deserto; e ainda que algum deles ali fosse e crescesse, o deserto estaria nos seus versos.

Há poetas que se confessam. Como António Nobre. Como Drummond. Como Robert Lowell. Poetas em que são frequentes as alusões a terras, pessoas, leituras, acontecimentos e experiências do presente e do passado. Será possível compreender inteiramente o "Last Sonnet" de Keats, sem que se saiba que ele o escreveu no auge de uma paixão à beira-morte? Creio que sim. Mas se soubermos de sua extremada paixão por Fanny Brawne e das circunstâncias que cercaram a criação do soneto, aprofunda-se nossa apreensão de cada uma das palavras com que foi escrito.

Em muitos poetas, o conhecimento de seus dias permite que se estabeleçam os vínculos entre as palavras e os fatos, e que melhor se alcancem certas metáforas ou encadeamentos de situações que podem parecer arbitrárias no corpo do poema.

A ignorância de pessoas, paisagens, coisas e episódios a que se referem uma Sylvia Plath ou uma Ana Cristina César pode responder pelo aparente hermetismo de alguns de seus poemas. Do mesmo modo que o desconhecimento de situações, nomes ou textos a que aludem Camões ou Pound fecha à compreensão grande parte de seus versos. Poderá, por exemplo, quem jamais tenha visto, sequer em reprodução, "A queda de Ícaro" de Brueghel, receber todo o impacto do poema "Musée des Beaux Arts", de Auden? Os poetas escrevem sobre alguma coisa, e o saber-se que alguma coisa é esta, clareia e intensifica a emoção em quem lê.

Ninguém escreve fora da vida. E há quem escreva, como Marly de Oliveira, sobre sua vida. E isto nos diga, com precisão e franqueza. Como nos mostra, sem disfarces, qual sua linhagem poética, ao longo de toda a sua obra, que é, na realidade, uma série de retratos, tomados ao longo do tempo, na qual cada rosto que passou se justapõe aos outros e com eles cubisticamente se vincula, como se os espelhos em que se refletem fossem as "janelas simultâneas" de Delaunay.

Marly o afirma: "Eu não nasci só de mim". Mas de Campos, Trás-os-Montes, Gênova, Camões, Pessoa, Montale. E poderia acrescentar Cecília e Vinicius, a cuja estirpe, de verdade, pertence, pela limpidez da linguagem, pelo vocabulário de tradição camoniana, pelo visualismo das imagens, pela preferência por certo tipo de dicção romântica. Ainda que intelectualmente Marly se afine com Jorge Guillén e João Cabral de Melo Neto, é outra a sua família poética, é outra a forma de clareza para a qual foi afetivamente conduzida, no seu belo, no seu belíssimo saber fazer, derramada ou concisa, *pensierosa* ou atenta às minúcias do mundo, tranquila em sua sensualidade e aguçada em sua aspiração mística, senhora do verso e do corte da estrofe, luminosa, precisa e sempre emocionada.

É uma poesia em que lhe sai dos lábios o que lhe entrou pelos poros e lhe ficou nas veias. Uma poesia em que se destila – como na de Bandeira – a sua vida, e cujos temas evoluem com a direção de seus dias. Isto vivi – ela nos repete a cada passo, mesmo quando não resiste à tentação de fazer poesia sobre a poesia, poesia sobre seus poemas ou sobre os poemas dos outros – ao comentar em seus textos versos e fragmentos de versos de Leopardi, Apollinaire, Da Costa e Silva, Pessoa, Salinas, Montale, Marianne Moore e João Cabral – ou de criar a metáfora dentro da metáfora, de desenhar com a mão livre um triângulo perfeito.

Nos seus últimos livros diluiu-se o pudor de confessar-se, e escrever para Marly ficou ainda mais inseparável da vida. A descoberta e a perda do amor aguçaram nela o devotamento aos seres e às coisas, o apego ao real e também ao "sem fim do intocado e perfeito", no qual se percebe a iluminação mística do mundo. A sua *noche oscura* contém e antecipa a claridade.

Se a experiência amorosa de quem a ela se entregou com totalidade – e os poemas de *A suave pantera*, *A vida natural* e *O sangue na veia* bem o comprovam – imprimiu maior nitidez às linhas e aos volumes de tudo o que a cerca, o desencanto indesejado a colocou na posição de uma Eurídice a cantar a perda de Orfeu. Uma Eurídice que fica vazia e nostálgica de um bem que julgou haver perdido, mas depois descobriu que nunca teve. E que sabe, contraditória e amargamente, "que partir é forma de estar junto, embora de modo mais perfeito".

"Uma de minhas aspirações" – escreveu ela – "era ter diante da vida ou da morte o mesmo rosto tranquilo". E a isso volta, em *Retrato*, que poetiza criticamente os livros anteriores e a vida a eles ligada. Após certas incursões num barroquismo conceitualista de gosto hispânico, Marly de Oliveira retornou àquela apreensão rápida, direta, serena e precisa de *Cerco da primavera*, em que uma adolescente já sabia conter em poucas palavras o sensualismo do mundo. De um mundo que se construiu poeticamente ao redor dela, como o universo em torno daquela espécie de poço existente em cada aldeia dos índios hopis, do Arizona. Por ele os primeiros homens subiram dos reinos inferiores e por ele todos regressam, com a morte, ao fundo da terra. Cada hopi sabe que pode pôr os olhos e as mãos no centro do mundo, no sítio onde se cruzam as linhas que levam aos seis pontos cardeais – norte, sul, leste, oeste, alto e baixo – e que sua vida completa a existência de tudo.

Sentimento semelhante ressuma da obra de Marly de Oliveira. Toda a sua poesia gira em torno de um só eixo: a própria Marly, ou melhor, o núcleo de si mesma, o seu centro, que é a percepção do mundo quando ela se despe de todo o acessório, para melhor compreender esse acessório, quando ela se despoja do que os dias e as coisas nela acumularam, os nomes que foi ganhando, as faces que foi depositando em sucessivos espelhos, e se volta no sempre adiado desejo de estar em casa, de chegar, de ser definitivamente.

Ela descreve a busca da unidade entre o ser e o fazer, entre a vida e o poema, no correr do tempo. O tempo que Marly, como os barrocos alemães, sabe ser talvez o único verdadeiro tema da poesia e da meditação dos homens, e sobre cuja inimizade falamos todos, desde os trovadores, em língua portuguesa.

Ao falar do tempo, falamos daquilo que somos, dos rios manriqueanos e também daqueles que, a parafrasear o grande elegíaco, *"van a dar en la mar que es el* vivir". O viver individual que é a confluência de tantas outras vidas, anteriores à nossa ou de nós coevas.

E se Marly medita poeticamente sobre a sua obra, é para concluir que nela não cabe toda a sua vida, é para, como Camões, advertir que "não pode ser limitada a água do mar em tão pequeno vaso". Mas o que ali se contém – e o poeta fortemente o afirma – são "puras verdades" já por ele passadas, que "oxalá foram fábulas sonhadas". "As verdades puras, que lhe ensinou a viva experiência" – como relembra Marly de Oliveira, ao explicar-se, com as palavras de Camões.

Brasília, 1986 – Rio de Janeiro, 2022

TAMBÉM SOBRE ESTE LIVRO
CECÍLIA SCHARLACH

Os originais de *Um feixe de rúculas*, poemas inéditos de Marly de Oliveira, nos foram encaminhados, há quase dez anos, por Alberto da Costa e Silva [prêmio Camões 2014]. Diplomata, intelectual, historiador, memorialista e poeta – marcado por sua contumaz generosidade e seu olhar privilegiado, pronto para identificar na literatura o que é ouro, o que é prata. Altíssimos quilates. Não há como não se pensar na súplica de Federico García Lorca invocada em seu cancioneiro para crianças, em "Canción tonta": *Mamá,/ yo quiero ser de plata*. Ou em Baudelaire quando metamorfoseando a lama transmuta-a em ouro. Assim é também Alberto da Costa e Silva, alquimista da poesia, ele mesmo, ouro e prata. Assim penso também em Marly de Oliveira, argêntea em sua busca constante, confiante no pensamento como dono da ação.

Há livros que custam a se realizar. Independente de sua refinada qualidade. Mas vingam, capazes de resistir aos atropelos severos do tempo. Este, passou por quase todos. Foi bem recebido, um conselho editorial de excelência o aprovou por unanimidade numa editora pública.[1]

Após um período de nebulosa asfixia decorrente de situação de despreparo para a compreensão de uma casa editora, os originais quedaram-se impedidos, como que destinados a não se realizar como livro, junto a inúmeros outros.

Até que aportaram, em 2022, às soleiras do prédio de n.108 da praça da Sé, coração da cidade de São Paulo. Atravessá-las foi ato natural, pois no 5º andar, presidência da Editora Unesp, encontraram guarida insuspeitada, recriando-se as condições para um novo marco zero deste livro.

Assim, graças a essa franca disposição, que ultrapassou a linha das intenções e das promessas, os leitores têm agora acesso a esta raridade, uma promenade tardia que cumpriu Marly de Oliveira, por ela mesma desvelada num período em que parece não ter tido grande remanso. Marly fez-se poeta definitiva e se inseriu entre seus pares, os grandes.

---

1 A reconhecida e premiada editora da Imprensa Oficial do Estado de São Paulo, Imesp, com suas atividades e operações suspensas desde o início de 2021.

Em *Um feixe de rúculas*, os poemas "A fria e ardente, luminosa treva", "De longe sempre te vejo", "Minha casa em Brasília quando a tinha", "Como já dizia o jovem poeta maranhense", "Eu que ensaiei ver em Campos", "Dia de São Sebastião", "Só a alegria não mata, só a alegria", "Solilóquio", dão aguda prova da dissolvência de pudor da autora em confessar-se nessas muitas geografias em que esteve vivendo.

Justo a "diluição de pudor" à qual se refere em seu ensaio Alberto da Costa e Silva, e nele se ocupa dos livros *Retrato*, *A suave pantera*, *A vida natural* e *O sangue na veia*, para enfim, encerrar com este *Um feixe de rúculas*. Em Marly de Oliveira, a poesia se faz intimamente integrada à vida. A inclusão do cotidiano, se dá como se banal fosse, mas complexo, permeado por reflexões nada aleatórias, a opção pela palavra articulada com a imagem, inflada pela imaginação.

Em um texto autobiográfico[2] Marly de Oliveira narra um fato que, segundo ela, lhe deu uma das maiores alegrias de sua vida: Aurélio Buarque de Holanda retirou de *A suave pantera*, "um livro bem curto", que levou o prêmio Olavo Bilac da Academia Brasileira de Letras, abonações para o seu dicionário.

Nessa sorte de desvelamento de si própria, ela aponta as coordenadas fundamentais que sustentam os temas que construíram sua obra: amor e morte, o medo do aniquilamento junto à afirmação de uma identidade.

> Viver não é uma situação adjetiva, nem metafórica. É um dado real, que começa em uma data e termina em outra. Daí um certo temor em enunciar a primeira, que, aliás, como diria Murilo Mendes, é da competência do registro civil. Porque, na verdade, nascemos depois, e continuamos a nascer interminavelmente. [...]
>
> Só aos poucos nos vamos dando conta do que importa realmente, com a seleção natural do tempo. Passei a prescindir do que é bonito, do que agrada, e aceitei a função da linguagem como sentido de algo que me escapava.

---

2 *Marly de Oliveira por ela mesma*, Rio de Janeiro, outubro de 1997, in *Marly de Oliveira: antologia poética*. Organização e prefácio de João Cabral de Melo Neto. Rio de Janeiro: Nova Fronteira, 1997.

Aos 32 anos, Marly começa a imergir numa sorte de maturação, não apenas literária, mas também na tentativa de definir o amor, como ela mesmo afirma, escrevendo um conjunto de poemas em que expressa a vontade de "desligar o conceito de amor do de paixão".

> "Conhecer e abrasar-se" de Vieira me parecia mais verdadeiro que a representação de um cupido de olhos vendados. Hoje tenho cá minhas dúvidas, pois, quem sabe, uma certa exaltação, que tende a ultrapassar todo limite, não possa dar também uma visão nova do que existe?

Ao final desse desnudamento, exibe as perdas pressentidas, expressas nos livros *A força da paixão* e *A incerteza das coisas*. Em *Vertigem*, acentua seu desencanto. *Viagem a Portugal* traz de volta certa alegria de viver. Com *O banquete*, chega a pensar que o deserto pode ser cultivado. Em 1989, *Poesia reunida* junta, pela primeira vez, todos os seus livros.

Sua última antologia [1997] foi organizada por João Cabral de Melo Neto, que em seu prefácio identifica a capacidade de Marly de Oliveira em "construir tanto o poema longo como o poema curto, sempre mantendo alto nível intelectual [...] de usar o soneto-poema de forma bem diversa daquela usada pela minha geração ou até por outros poetas da sua geração, a chamada geração de 60 [...] o uso do decassílabo sem qualquer ranço parnasiano, porque a acentuação é variada, não é só na sexta e na décima sílabas".

Enfim, "nunca aquela penúria verbal de que se queixava José Guilherme Merquior nos poetas mais jovens de hoje".[3]

Notável também em Marly é sua habilidade para intitular seus livros. Eles parecem se instalar de chofre, densos, sem titubeio, definitivos, como se sempre tivessem existido, poéticos e proféticos a pré-anunciar o conteúdo que irão revelar como em: *O sangue na veia*, *A força da paixão*, *A incerteza das coisas*, *A vida natural*.

---

3 Idem.

Especialmente *Um feixe de rúculas*, nos chega com esse título inesperado, enigmático, que nos faz pensar, súbito, na razão ou razão-nenhuma para tal designação.

Penso antes nessa ideia de braçada, generosa, para enfeixar folhas amargas e picantes, de sabor pungente, mediterrânea em sua origem. Com florezinhas delicadas, quatro pétalas brancas com veios de cor púrpura e o androceu de estames amarelos, as rúculas vicejam impertinentes. Reclamam sol pleno, pedem cultivo simples, sendo plantadas o ano inteiro, germinando céleres, da primavera ao início do verão. Apreciada desde a Antiguidade, os romanos consagraram-na a Príapo, por suas virtudes afrodisíacas.

Essa reputação perdurou até a Idade Média e as autoridades religiosas proibiram seu cultivo nos jardins dos monastérios. Foram preservadas nos vastos domínios do reino de Carlos Magno, recomendadas por seu *Capitulaire De Villis* que listava cem plantas a ser cultivadas, como uma imposição administrativa.

Bem provável, no entanto, é que Marly de Oliveira tenha pensado nesse título de um só golpe, intuitivo, como nos demais. No poema "Preciso perguntar ao Eugênio", finaliza-o com os versos *Esquecer que preciso de ti,/ como outros precisam de água,/ leite, limão bravo, enquanto/* **vou ficando de lado, / como um feixe de lenha, um punhado/ de rúculas ou tomates**. Como saber? Nesse poema, num pensamento de precisão e simultaneamente de esquecimento, as rúculas não têm interesse, são para ser deixadas de lado. Ainda assim, delas Marly se serve para intitular seu livro, no qual se põe a inaugurar, a marcar como em brasa os primeiros versos, nomeando com eles cada poema.

Cedo, aos 23 anos, incentivada por Antonio Houaiss, Alceu Amoroso Lima e reconhecida por Mário Faustino, ela publicara *O cerco da primavera*. Recém-graduada pela PUC-RJ, no ano seguinte, 1959, entendeu que precisava avançar, e sua paixão pela Itália levou-a a se instalar em Roma para dedicar-se aos estudos de História da Língua Italiana e Filologia Românica, na Universidade de Roma.

Foi quando conheceu Ungaretti e, decorrente desse convívio, da assistência que lhe prestou, dos poemas originais em italiano que escrevera com apenas 24 anos, ele decidiu apresentá-la num programa literário da RAI – Radio Audizioni Italiane, lendo-os, surpreendendo-se e também a seus ouvintes ao indagar-se: "Mas como essa jovem fez para se apoderar de nossa língua, de sua secreta musicalidade, a ponto de poder nos ofertar o dom das poesias que agora vamos ouvir? [...] num italiano luminoso!".

Essa conexão deve ter se originado de sua expressa admiração e encantamento por De Sica, Fellini, Antonioni, Visconti, Corelli, Albinoni, Dante, Montale, como ela mesma contava.

Em "Auto-retrato", outro de seus raros textos autobiográficos (in *Aliança*, 1979), vale destacar as passagens:

> Sou solitária de nascença, como outros são cegos ou mudos. Não me vanglorio disso, nem me entristeço: registro. Fracasso sempre, nisto talvez resida minha força: sou devolvida a mim toda vez que ensaio alguma deserção. Algumas vezes pensei que não fosse resistir. Agora sei como se renasce. [...]
>
> Acredito nas afinidades eletivas, na admiração que supera a inveja, na transformação interior, na reparação. Quando chego a desconfiar de alguém já fui mordida: vem daí minhas cicatrizes. [...]
>
> Não acredito só em recursos internos para aguentar o desamparo e a perda. É sempre bom uma mão amiga. [...] Não pretendo que creiam em mim; além de inútil, dá muito trabalho, mas acho bom que cada um creia em si mesmo. Sei que o discurso assertivo pode não ser verdadeiro e acho que o mundo é absurdo, como Camus.
>
> Morei em Roma, como estudante, em Buenos Aires e Genebra como mulher de diplomata. Brasília, com o esplendor de sua arquitetura, me ensinou o que significa atravessar um deserto sem água e pão. Agora estou livre para contemplar esse lago, diante de minha janela: já não tenho nada a perder. [...] Sobretudo sou pretensiosa: acho que um dia não vou ter medo de morrer.

UM LIVRO NUNCA SE FAZ SOZINHO: NESTE, A COMPANHIA DE MARIA BONOMI, NÉLIDA PIÑON, ALBERTO DA COSTA E SILVA, PEDRO PAULO DE SENA MADUREIRA, MÔNICA, PATRÍCIA E LAURO MOREIRA

Essa é uma ação em que eu acredito.
Você começa um alfabeto e as pessoas compõem uma poesia... [4]

MARIA

Indispensável agradecer à Maria Bonomi, capaz de abrir qualquer porta neste mundo, quando assim o decide. E o faz com seu entusiasmo único, alegria escancarada, com a garra de seu talento, a persistência com que grava revelando sua criatividade inaudita – da escala reduzida a envergaduras inesperadas –, gerando e gerindo murais e esculturas que implanta na cidade, na qual, grande artista que é, lhe apraz qualificar com os princípios e conceitos da arte pública. Pois coisa que Maria nunca suportou foi a ideia de que sua arte se destinasse às gavetas. Vivendo sempre com o desejo de que *seria formidável se os artistas conseguissem jogar tudo o que há de arte na praça*.

Procurando sempre destacar temas que, se não estão na ordem do dia, Maria os identifica e os impõe. Desde a questão indígena às vítimas da pandemia, o reconhecimento da nossa latino-americanidade na qual se aplica com tudo o que sabe dos fundamentos da gravura, com matrizes que exigem tecnologia de ponta, mas também riscando em placas de madeirit usadas em canteiro de obras, fundindo relevos, cavando-os, também a partir da argila do solo da Barra Funda, várzea de um rio Tietê tão paulista, marioandradiano, "não são

---

4 In *A dialética Maria Bonomi*, Mayra Laudanna. Neuchâtel-Suisse: Éditions du Griffon, 2016.

águas que se beba"; ora, trabalha com blocos de acrílico maciços transformados em objetos autônomos, com vida própria, jogando com sua tridimensionalidade, como se fosse simples e fácil, e mais ainda, molda o bronze e o alumínio, submetendo-os aos seus próprios desígnios, ao mesmo tempo em que, simultaneamente, também vai dialogando com fractais.

Amiga certeira de Clarice Lispector, amizade construída com a solidez dos sonhos e projetos de juventude, Bonomi nos conduziu ao encontro de Nélida Piñon.

Nélida, Clarice, Marly, Maria, que clã...

Maria Bonomi conseguiu o empenho imediato de Nélida, já prometido a Lauro Moreira para este livro há muito, desde quando o livro foi cogitado em se concretizar, em 2014. Maria compreendeu como ninguém a urgência deste livro, urgência em trazer de volta à vida literária essa Marly que ainda vive em seus poemas inéditos. Marly de Oliveira pensara-o já morando em Copacabana, rua Bolívar, reunindo seus poemas e encadeando-os na continuidade desejada. Foi por ocasião de seu encontro com Manuel Graña [2002], que insistiu para serem incluídos os poemas em italiano. Ela, então, pôs em prática o conselho de Augusto Meyer: "é rara a reedição de poesia, quando puder acrescente alguma coisa mais antiga e esquecida [...]". Vinte anos já haviam ido.

NÉLIDA

Em meio aos atropelos pelos quais este livro passou e atravessou, atingiu a todos, em escala inclemente, a pandemia do coronavírus. Nélida restringiu-se à sua residência na Lagoa, a fim de se proteger, como fizeram tantos. Foi um período de duro isolamento que também comprometeu as atividades presenciais da ABL por longo período.

Na vida pessoal também os contatos ficaram mais raros, somados às dificuldades de visão que lhe exigiram mais tempo, reduziram-lhe o espaço, empanaram-lhe a paisagem, dificultaram-lhe a leitura.

No entanto, Nélida Piñon não é nem nunca foi de entregar os pontos. Aplacada a pandemia, esteve em todos os eventos máximos da ABL, tendo sido responsável pela recepção à nova imortal Fernanda Montenegro em sua posse – seu discurso de acolhimento, lido por Fernanda Torres. Foi a primeira mulher a presidir a ABL, no ano de seu centenário, 1997. Mantendo-se atuante nesse momento em que os acadêmicos, após dois anos distanciados, voltavam a se encontrar, participando de debates, conferências, música e teatro no Petit Trianon, festejando a chegada de novos confrades do naipe de Gilberto Gil, José Paulo Cavalcanti, Eduardo Giannetti, Jorge Caldeira, Paulo Niemeyer Filho, além de sua amiga Fernanda Montenegro.

A partir desse momento de distensão social, prontificou-se a redigir com brevidade o texto sobre Marly. Soube que o escreveu ditando e após, ouvindo-o, novamente ouvindo-o, revendo-o, numa apurada audição a fim de surpreender o leitor, como desejava.

Escreveu-o às vésperas de uma viagem a Portugal, a qual vinha planejando zelosamente, onde passaria alguns meses e se organizava, quase como quem concebe uma expedição, acompanhada de suas assistentes e de duas cachorrinhas que vivem com ela. Aos poucos, para essa viagem, foi preparando um volumoso farnel – garimpado para deliciar seus amigos portugueses em banquetes festivos –, composto de víveres nativos protagonistas de nossa culinária: queijos de Minas, goiabadas, frutas típicas cristalizadas, pimentas, café, paçocas, carne seca, tapiocas, cachaças, rapadura. Tudo à larga, em cumplicidade com o rito e o dito de seu avô espanhol Daniel, que quando à mesa, afirmava: "Se não sobrou é porque faltou!".

O testemunho de Nélida Piñon nos traz uma visão única de Marly de Oliveira, genuína, que somente ela poderia desenhar. Incluiu no relato o trio que ambas formaram, sólido e solidário, ao longo da vida, juntamente com Clarice Lispector. Sintetizou-as: brasileiras-cidadãs do mundo, dando-nos um indício de suas andanças, das discussões e encaminhamentos literários, tardes de conversações íntimas, imersas em alegrias, desvendando mistérios do mundo com a "simplicidade que traduzia a recôndita complexidade" dessas escritoras. Não havia o que não partilhassem. Até que o trio se desfizesse. Por razões que a vida impõe a todos os humanos.

Sei tanto que não posso contar.

Sei demais.

Sei muito porque não conto.

Dentre os telefonemas trocados com Nélida, muito conversamos, e pude sentir sua contenção em alguns relatos. Lembrei-me, então, que também num iceberg, a majestosidade de sua movimentação se deve ao fato de que apenas um oitavo seu se eleva das águas. Ouvi dela as frases destacadas acima. Não que sua disposição imediata não estivesse para uma abertura do que poderia ser dito. E assim, ela o fez. Contou o que pôde.

A ela, a gratidão da Editora Unesp, por trazer a esta edição uma narrativa-evocação rara e preciosa, plena de memórias, que animam a travessia que palmilharam juntas – Marly e Nélida –, regada a literatura e funda amizade.

ALBERTO

Em nossos agradecimentos, há que se destacar Alberto da Costa e Silva. Conheci-o em Cartagena, por ocasião de um encontro internacional que discutiu questões políticas que concerniam a América Latina. Julho de 1991, e ele era, então, o embaixador do Brasil na Colômbia. Nos tornamos amigos após constatar tantas referências culturais e amizades comuns em São Paulo. Nos intervalos dos trabalhos, ele nos deu a conhecer essa cidade murada à beira-mar. Seus telhados harmoniosos vistos de pontos estratégicos ao anoitecer. Por conta das mulheres palenques de Cartagena tivemos nossas primeiras conversas relativas à escravidão africana. Deslocávamo-nos em charretes pela velha cidade, caminhávamos sobre as muralhas, visitamos Alejandro Obregón em seu estúdio, amigo de Botero e de Garcia Márquez, um dos *Big five* da arte colombiana. Tudo embalado por seu humor sutil e rara presença de espírito. Tive o privilégio de muito aprender com ele. Sigo aprendendo – surpreendendo-me e me encantando – com sua escrita límpida, impecável, construída com clareza e restringindo-se ao essencial, nunca se repetindo.

De alguma maneira, ele tem sido nosso consultor literário, tendo sempre acertado em todas as suas indicações! Por meio delas pudemos produzir obras de referência como a edição brasileira de *Arte Africana*, de Frank Willet; o *Livro dos ex-líbris*, *Para uma história da belle époque: a coleção de cardápios de Olavo Bilac*.

Na editora da Imesp, publicamos livro de sua autoria – *O quadrado amarelo* –, um conjunto de ensaios que trata dos modos de ler, das formas de olhar, da palavra e do canto, do dia de ontem. Nele encontramos a África, evocações recentes de Lagos e Lisboa, e sobretudo o Brasil em sua melhor literatura, poesia, pintura. Além deste, fizemos um extraordinário livro-objeto, um azulejo português tão perfeito que apenas quando nas mãos do leitor revela-se então a mais refinada poesia, como cantou Camões, "de lã fina e seda diferente": *Livro de linhagem*.

Por volta de 2014, além de ter nos brindado com esses originais de Marly de Oliveira, ele nos lembrou das dificuldades que eventualmente teríamos num país que, em geral, não dá relevo a seus criadores após sua morte, a livros póstumos, enfim, num ambiente editorial que não costuma destacar a poesia.

Com seu ensaio "Marly de Oliveira: senhora do verso e do corte da estrofe", Alberto nos traz uma das mais completas análises sobre a obra dessa nossa poeta, no qual sua erudição genuína não soa jamais pedante, sustentada pelo saber. Ele decupa a obra de Marly de Oliveira, dispondo-a ao lado dos grandes de seu tempo.[5]

PEDRO PAULO

Tenho pensado no distanciamento do mundo editorial em que se encontra Pedro Paulo de Sena Madureira, um de seus protagonistas. A coleção "Editando o editor", da COM-ARTE - Editora Laboratório do Curso de Editoração da Universidade de São Paulo, talvez tivesse como cobrir essa lacuna, tendo já publicado nomes como Jacó Guinsburg, Ênio Silveira, Jorge

---

[5] Texto escrito por Alberto da Costa e Silva, originalmente em Brasília, 1986; publicado em *O quadrado amarelo* como "Um retrato de Marly de Oliveira", em 2009, São Paulo: Imesp; editado e ajustado para este livro em setembro de 2022.

Zahar, Cláudio Giordano, Samuel Leon, Guilherme Mansur, Maria Amélia Mello. Não ter, em nossos dias, Pedro Paulo atuante nas lides editoriais, como consultor ou conselheiro editorial, denota visível empobrecimento em nossa vida cultural.

Muito conversamos sobre Marly de Oliveira, sendo um dos poucos que pode descrever como nossos melhores escritores constituíram nossa história.

Tanto pelo convívio social, como pela concretização de suas obras. E sobre elas, nesses tempos em que o país tem andado de marcha à ré, discreta, mas persistentemente vem redigindo e estruturando cursos complexos sobre um arco de temas, como a "História da fé católica", "A bíblia como livro fundador da história do Ocidente", "*Em busca do tempo perdido* e Marcel Proust", sobre Clarice Lispector (com quem muito conviveu), sobre as relações entre escritor, editor e o mercado, e por aí vai. Discretamente, porém enfático, erudito, engraçado, insubmisso, o indomável Pedro Paulo de Sena Madureira eleva a literatura a um palco de múltiplos interesses. Um dos mais proeminentes editores brasileiros, lançou pela 1ª vez no Brasil, nomes que hoje são clássicos: Marguerite Yourcenar, Barthes, Umberto Eco, Musil, Thomas Mann, Faulkner, Cheever, Nabokov, Ezra Pound, Eliot e, entre os nossos, Adélia Prado, João Ubaldo, Rubem Fonseca, Lygia Fagundes Telles, Clarice Lispector, Marly de Oliveira, Rachel de Queiroz.

Editou pelo menos 100 livros de poesia em dez anos, em uma única editora. Tem publicados dois livros de poemas de sua autoria: *Devastação* (Imago) e *Rumor de Facas* (Cia. das Letras). Retém um outro que segue concluído. Talvez seu título já indique as razões: *Tenho medo*. Atravessou as piores crises da história do país, e jamais viu um editor desanimar. José Nêumanne Pinto, em entrevista para a Academia Paraibana de Letras, João Pessoa (11 de dezembro de 2014), comenta:

> A figura do editor, que acompanha o autor, aconselha, de certa forma e influi, até corrige textos, como faz Pedro Paulo de Sena Madureira, que está fora do mercado no momento, [...] é cada vez mais rara. Hoje predomina o publisher, o profissional que faz negócio com o livro.

Pedro Paulo editou o livro *Contato* (1975), de Marly de Oliveira, sobre o qual reproduzo observações de João Cabral:

> Salvo alguns poemas longos que vão predominar no *Contato*, é a riqueza imagística combinada com a reflexão que me surpreende sempre. O *Contato* me parece o mais hermético dos livros, porque o uso da canzone italiana eu desconheço e não tenho interesse especial pela literatura de um Guido Cavalcante, que Marly acha admirável e usa como epígrafe.[6]

Sobre esse mesmo livro, é Marly de Oliveira quem comenta

> Contato, eu já disse e reafirmo, é *"la rencontre manquée"* de que fala Lacan. É o meu fracasso diante da opacidade do outro ou da minha vontade de transparência. Pensar a emoção fez da linguagem um sistema, ao que tudo indica, pouco acessível, pois aquilo que estrutura o discurso é o mesmo que faz existir através dele.[7]

Pedro Paulo, tão entusiasmado com *Um feixe de rúculas* previu a necessidade de publicá-lo também em Portugal, abrangendo ainda outros países de língua portuguesa. Encantou-se com sua alta qualidade literária, o domínio da escrita, o trabalho com a linguagem, tudo o que enfim é atributo da arte poética, que ele sempre conheceu e identificou em Marly de Oliveira.

O Estado de S. Paulo, caderno "Aliás" registra bem aquele ambiente carioca, anos 1970, em que grassava a alegria e alguma mundanidade, enchendo as noites, bares, galerias de arte e livrarias, neste caso, por ocasião do lançamento do livro *Contato*:

> Estava na Imago quando Nélida Piñon me ligou. Queria me apresentar o texto de uma poeta que estava fora do Brasil, casada com o diplomata Lauro Moreira. Era a Marly, que tinha acabado de chegar a Brasília. Marly era amiga de

---
[6] *Marly de Oliveira: antologia poética*, op. cit., p. 8
[7] Idem, p. 243

> Cecília Meireles e Manuel Bandeira, seus padrinhos de casamento. Fiquei deslumbrado com os originais de *Contacto*. Daí tive a ideia de fazer uma coleção de poesias. Sempre fui festeiro. Em 1975, fizemos uma grande noite de autógrafos para a Marly, porque era a volta dela ao Rio. Foi uma linda noite numa galeria de artes na rua Maria Quitéria, em Ipanema. Carlos Drummond de Andrade foi com a mulher, dona Dolores. Clarice também foi. Imagina.

E, em outra nota do mesmo caderno, do mesmo jornal:

> Na saída do lançamento do livro da Marly, Drummond disse com aquela vozinha dele: 'Olha, recebi em casa os originais de uma poeta de Minas, que é um fenômeno. Eu queria que você lesse'. No dia seguinte, às 10 da manhã, o pacote estava na Imago. Era o *Bagagem*, datilografado pelo marido, José de Freitas. Doutor Jayme, dono da Imago, que estava feliz com o sucesso da Marly, quis editar. Liguei para a Adélia, que não acreditou. 'Mas como isso chegou às mãos do senhor?' No lançamento, a pessoa menos importante era o Juscelino Kubitschek. 'O livro é um deslumbre. Eu canetei também, viu? Ajudei a dividir os versos. Ah, meu filho, esgotou. Uma nova poeta surgiu, do tipo que eu nunca mais vi'.

MÔNICA, PATRÍCIA, LAURO

Gostaria de muito agradecer o tempo de espera, a paciência, a docilidade e a compreensão de Mônica, nossa primeira interlocutora na família de Marly de Oliveira, sua filha primogênita. Também Patrícia, a filha caçula, que a tudo vem dando sua assistência. Sobre elas, escreveu em versos, Marly de Oliveira: *Cresceram tão sem aviso/ que antes de ir se foram*. E também ao embaixador Lauro Moreira, que evidencia toda sua dedicação na preservação da obra dessa poeta, nos facilitando acessos indispensáveis, dados e datas importantes.

Marly de Oliveira parecia não se importar com a posteridade, como muitos criadores o fazem. Em todos os livros que publicou, em resenhas variadas de jornais, em testemunhos de amigos, em seus textos autobiográficos, em teses acadêmicas, difícil é encontrar um fio cronológico reto e já composto. Para ela, importante era viver, viver a poesia, o processo criativo, as leituras e estudos a que se aplicava, as filhas, suas amizades e deslocamentos, viagens. Os dados e detalhes de precisão objetiva, referentes aos "quando e onde", não são acessíveis, raros de se localizar.

Neste livro Marly evoca sua família, fazendo-a presente com temas pertinentes a esse universo, referindo-se à ausência de sua própria mãe; destina um olhar – como de quem as vê e sente à distância –, às filhas, nos poemas "Minha casa em Brasília quando a tinha", "Estão agora no Saara, minhas filhas", "Vendo um quadro de Patrícia", "Ah, voltar a Amsterdam e Heidelberg", "Mas é também para experimentar" e "Também sem Mônica e seu charme". Num verso confessional, diz: *Meu pai morreria se me visse assim:/ os livros fechados em armários,/ os domingos sem família/ (e também os feriados)* [...] Em *Intermezzo* comenta sobre seu "avô que desenhava ladrilhos como Brennand", lembra de imigrantes vários, japoneses, alemães, e do mar de seu país que serviu de entrada ao navegante português, e de seus parentes de origem italiana, *que ainda vivem de forma bem ativa/ e íntegra, porque assim me contaram/ e vou verificar.*

Lauro Moreira foi de importância distintiva para a publicação deste livro, tendo sido o primeiro a recomendar o texto a ser escrito por Nélida Piñon, isso ainda em 2014. Fez-lhe novos apelos quando retomamos a produção em 2021, localizou poemas perdidos, como "Túlias em jardins cercados" e "Laura parece saída do pincel".

Ocupou-se de criteriosa revisão final, desde a ordenação dos poemas a cada um de seus versos, chamou a atenção de uma escapadela ou outra encontrada até em uma questão de concordância verbal. Nos ajudou a clarificar melhor datas fundamentais. Reconheceu e identificou na epígrafe que a seguir transcrevo para finalizar esses apontamentos –, o pensamento nítido de Marly de Oliveira. Epígrafe que abre a tese de Bárbara Poli Uliano e que nos traz Marly de Oliveira, quase como numa profissão de fé, decorrente de entrevista que provavelmente ela lhe tenha dado. Marly de Oliveira já escrevera, no entanto, apoiada em sua funda intuição:

Sinto que a palavra modifica a realidade, mas não sei bem de que forma.

Num mundo em que predominam a crueldade, a violência, a injustiça, a fome, a insegurança, a doença, a dor, acho que é dever nosso contribuir para que essa situação se modifique. Só alguns, no entanto, puderam fazê-lo através da poesia. Por outro lado, acho também que se o que se escreve conduzir à reflexão e a uma tomada de consciência do que realmente somos, é possível que alguma coisa se modifique. Minha grande esperança está na convicção de que o pensamento também pode ser uma forma de ação.

MARLY DE OLIVEIRA[8]

---

8 Epígrafe da Dissertação de Mestrado de Bárbara Poli Uliano "Marly de Oliveira: a poética do absurdo: análise de *Contato, Invocação de Orpheu, A força da paixão* e *A incerteza das coisas*", Londrina, 2008.

MARLY DE OLIVEIRA, CACHOEIRO DO ITAPEMIRIM, 1938 – RIO DE JANEIRO, 2007

OBRAS

Cerco da primavera. Rio de Janeiro: Livraria Editora São José, 1958
Explicação de Narciso. Rio de Janeiro: Livraria São José, 1960
A suave pantera. Rio de Janeiro: Anuário da Literatura Brasileira, 1962
A vida natural - O Sangue na Veia. Rio de Janeiro: Ed. Leitura, 1967
Contato. Rio de Janeiro: Imago, 1975
Invocação de Orpheu. São Paulo: Ed. Massao Ohno, 1979
Aliança. Rio de Janeiro: Nova Fronteira, 1979
A força da paixão & A incerteza das coisas. Brasília: Thesaurus, 1984
Retrato - Vertigem - Viagem a Portugal. Rio de Janeiro: Ed. Francisco Alves, 1986
O banquete. Rio de Janeiro: Record, 1988
Obra poética reunida. São Paulo: Ed. Massao Ohno, 1989
O deserto jardim. Rio de Janeiro: Nova Fronteira, 1990
O mar de permeio. Rio de Janeiro: Nova Fronteira, 1997
Antologia poética. Org. João Cabral de Melo Neto. Rio de Janeiro: Nova Fronteira, 1997
Uma vez, sempre. São Paulo: Ed. Massao Ohno, 2000

EM ANTOLOGIAS

Fourteen female voices from Brazil. Org. Elzbieta Szoka, Universidade de Colúmbia, 2003
As mulheres poetas na literatura brasileira. Org. Rubens Jardim, Paraíba: Arribaçã Editora, 2021

CD – ÁUDIO POESIA

A poesia de Marly de Oliveira, interpretada por Lauro Moreira, com música original de Pedro Braga. Álbum duplo. Selo Tratore, 2009

PRÊMIOS

1958 - *Prêmio Alphonsus de Guimaraens*, INL - Instituto Nacional do Livro, pelo livro *Cerco da primavera*

1963 - *Prêmio Olavo Bilac*, Academia Brasileira de Letras, pelo livro *A suave pantera*

1980 - *Prêmio Fundação Cultural* do Distrito Federal, *Prêmio internacional da* Grécia, pelo livro *Invocação de Orpheu*

1987 - *Prêmio UBE – União Brasileira de Escritores*, pelo livro *Retrato – Vertigem – Viagem a Portugal*

1988 - *Prêmio Pen Clube do Brasil*, pelo livro *O banquete*

1997 - *Prêmio Jabuti*, pelo livro *O mar de permeio*

1999 - *Prêmio Carlos Drummond de Andrade*, pelo livro *O mar de permeio*

ÍNDICE DOS POEMAS

UM ITINERÁRIO PARA O PORTO

VINDO DE VÁRIOS CAMINHOS, 11
AINDA ASSIM QUERIA FALAR DO PORTO 13
TÚLIAS EM JARDINS CERCADOS 15
EM CERTA VÉSPERA DE NATAL, 17
O JARDIM NEM ERA MEU, 19
ESTE JARDIM ME LEMBRA OUTRO JARDIM, 21
SENTAR-SE AO PÉ DE UMA CRUZ, 23
EMBORA SEJA O QUE NÃO DISSOLVE, 25
UMA GEMA QUE FOSSE TODA FRIA, 27
ESTA, A GRANDE AFINIDADE 29
NÃO ACREDITAS EM NADA NÃO-VISÍVEL, 31
DE REPENTE BAIXA UM FRIO, UMA LUZ 32
PRECISO PERGUNTAR AO EUGÊNIO 35
A FRIA E ARDENTE, LUMINOSA TREVA, 37
MINHA CASA EM BRASÍLIA, QUANDO A TINHA, 39
UMA PEDRA CAVADA NO CHÃO 41
DE LONGE SEMPRE TE VEJO 43
AINDA QUE TENHA VISTO NUREYEV EM BUENOS AIRES, 45
COMO FERNANDO PESSOA, ELA NÃO 47
FLORBELA NASCEU NO ALENTEJO 49
SÓ A ALEGRIA NÃO MATA, SÓ A ALEGRIA, 51
ESTÃO AGORA NO SAARA, MINHAS FILHAS, 53
VENDO UM QUADRO DE PATRÍCIA, 55
A POESIA QUE PARA NOVALIS 57
AH, VOLTAR A AMSTERDAM, A HEIDELBERG, 59
LAURA PARECE SAÍDA DO PINCEL 61
COMO JÁ DISSE O JOVEM POETA MARANHENSE 63
DIA DE SÃO SEBASTIÃO: 65
MAS É TAMBÉM PARA EXPERIMENTAR 67
TAMBÉM SEM MÔNICA E SEU CHARME, 69

INTERMEZZO: BRASIL QUINHENTOS ANOS

MINHA TERRA NÃO FOI ACHADA 73
EU QUE ENSAIAVA EM CAMPOS 75
AH, TERRA BRASILEIRA, "ONDE PLANTANDO 77
MAS NUNCA FIZ SEQUER 79
O NOSSO MAR, DE NORTE A SUL, 81
DO MESMO MODO QUE OS QUE VÊM DE LONGE 83
O MAR QUE RECORTA O LITORAL 85

ESCRITOS EM ITALIANO

MEZZO GIORNO A VILLA BORGHESE | 90
      MEIO-DIA EM VILLA BORGHESE
MEMORIA | MEMÓRIA 92
NELL'OMBRA | NA SOMBRA 94
VEGLIA | VIGÍLIA 96
PRIMAVERA | PRIMAVERA 98
SOLILOQUIO | SOLILÓQUIO 100

FICHA TÉCNICA

Formato: 12.5 x 22 cm
Mancha: 21 x 44 paicas
Tipologia: Alegreya 10,5/13,5
Papel: Offset 75g/m² (miolo)
Cartão Supremo 250 g/m² (capa)
1ª edição Editora Unesp: 2023

EQUIPE DE REALIZAÇÃO

Coordenação editorial, edição
Cecília Scharlach

Preparação, revisão
Andressa Veronesi

Projeto gráfico
Andressa Veronesi
Cecília Scharlach

Editoração eletrônica
Erick Abreu

Assistência editorial
Alberto Bononi
Gabriel Joppert